Frisch & knackig

Für die Mittagspause im Büro,
fürs schnelle Picknick oder als Mit-
bringsel zum Gartenfest – Salate sind
im Sommer einfach Genuss pur! Genau
dafür habe ich für Sie 18 lecker-leichte
Salate für zwei kreiert. Alle sind schnell
gemacht, gut vorzubereiten und ganz einfach zu transportieren. Sie bereiten den
Salat zu Hause vor und füllen ihn zum
Mitnehmen in gut schließende Gläser
oder Dosen – Dressing und Knusper-
topping separat. Unterwegs ist alles
schnell gemischt und genuss-
fertig. Guten Appetit!

NÜTZLICHES SALAT-WISSEN

AUF DEM TITELBILD SEHEN SIE DAS REZEPT
RUCOLA-MANGO-SALAT MIT BÜNDNER FLEISCH
VON SEITE 35

FRISCH EINGETROFFEN

SCHLEMMERSALATE AUS KNACKFRISCHEN ZUTATEN
DER SAISON – SCHNELL GEMACHT,
EINFACH TRANSPORTIERT UND HIMMLISCH LEICHT.

KLASSIKER AUF NEUE ART

BEKANNTES UND BEWÄHRTES
NEU INTERPRETIERT — SO SCHMECKEN IHRE
LIEBLINGSSALATE MAL ANDERS.

SALATE CROSSOVER

RAFFINIERTER AROMEN-MIX —
UNGEWÖHNLICHE KOMBINATIONEN
VERLEIHEN DIESEN SALATEN
DEN BESONDEREN GESCHMACKSKICK!

SALATE –
LEICHT UND GESUND

Frisch und appetitlich, so richtig zum Reinbeißen sehen sie aus, die leichten Salat-kreationen in diesem Büchlein. Was Sie dazu brauchen, lesen Sie hier.

1 SALAT & GEMÜSE Kopf- und Schnittsalat (es gibt unzählige Sorten vom Eisberg- bis zum Feldsalat), Gurke, Tomaten und Paprikaschoten, dazu eine schnelle Vinaigrette – fertig ist ein frischer, knackiger Salat. Das ist Ihnen zu langweilig? Gut so, denn es gibt unendlich viel mehr: Artischocken, Zuckerschoten, Spargel, Zucchini, Möhren, Rettich, Bohnen, Blumenkohl, Brokkoli, Kürbis und Pilze. Aus allen lassen sich – mal nur roh mariniert, mal vorher blanchiert oder gegrillt – hinreißende Salate zaubern.

2 GESUNDE SATTMACHER Blattsalat und Gemüse sind Ihnen als Mahlzeit zu wenig gehaltvoll? Kein Problem! Ergänzen Sie sie durch kleine Mengen Kartoffeln, Linsen, Mais, Tofu oder Käse. So bringen Sie Geschmacksvielfalt in die Salatküche und sorgen für ein angenehmes, anhaltendes Sättigungsgefühl.

3 FLEISCH & FISCH Mageres Hähnchenfleisch und Fleischbällchen aus Rindertatar sind ebenfalls tolle »schlanke« Zutaten zum Salat. Ebenso gut eignen sich Bündner Fleisch (luftgetrocknetes Rindfleisch) oder geräucherte Putenbrust. Beide bringen schon in kleinen Mengen viel Aroma. Das Gleiche gilt für Garnelen, Räucherfisch und Thunfisch (im eigenen Saft).

4 ESSIG & ÖL Weinessig (aus Rot- oder Weißwein), Apfelessig und Balsamico (aus Traubensaft hergestellt, eingekocht und in Eichenfässern gelagert) sind die wichtigsten Essigsorten. Für raffinierte Würze kann Weinessig mit Kräutern (z. B. Estragon), Chilis oder Himbeeren aromatisiert werden. Öle sind als Geschmacksträger fürs Dressing von Bedeutung: Verwenden Sie für Salate möglichst hochwertige kaltgepresste Öle. Für mediterrane Salate ist Olivenöl »extra vergine« (aus der ersten Pressung) mit seinem fruchtigen, leicht bitteren Aroma die beste Wahl. Neutraler sind kaltgepresstes Raps- oder Sonnenblumenöl. Eine besondere Note verleihen Walnuss-, Haselnuss-, Sesam- und Kürbiskernöl. Übrigens, den Essig können Sie mal durch Zitrussaft und das Öl durch Joghurt oder Buttermilch ersetzen.

5 TOPPING Geröstete Nüsse und Samen sind das i-Tüpfelchen auf dem Salat. Kurz vor dem Essen darübergestreut, sehen sie attraktiv aus. Doch dosieren Sie sparsam, Walnüsse, Sesamsamen und Co. sind extrem kalorienreich! An würzigen Sprossen und Kräutern dagegen brauchen Sie nicht zu sparen. Sie enthalten bei minimaler Kalorienzahl reichlich Vitamine und Mineralstoffe.

KLEINE
SALATKUNDE

WIE BEREITE ICH BLATTSALAT
RICHTIG VOR?

WIE LAGERE ICH SALATZUTATEN
AM BESTEN?

GIBT ES EINEN TRICK,
UM WELKEN BLATTSALAT
WIEDER KNACKIG ZU BEKOMMEN?

WIE TRANSPORTIERE ICH
DEN SALAT AM BESTEN?

KANN ICH DAS DRESSING
AUF VORRAT ZUBEREITEN?

Lösen Sie die Blätter vom Kopf und waschen diese unter **fließendem kaltem Wasser**. Bitte nicht im stehenden Wasser liegen lassen, das laugt sie nur unnötig aus! Dann in einem Sieb gründlich abtropfen lassen und in mundgerechte Stücke zupfen. Spinat, Feldsalat, Rucola etc. putzen und schnell ein- bis zweimal im stehenden Wasser mit den Händen durchspülen. Wer eine Salatschleuder besitzt, schleudert den Salat anschließend darin trocken. Ohne geht's auch: einfach in ein sauberes Küchentuch füllen und darin **trocken schleudern**. Der Sinn? Die Blätter nehmen das Dressing besser auf und die Sauce wird nicht verwässert.

Schlagen Sie Kopf- und Schnittsalate und Würzkräuter wie Rucola, Minze, Koriander und Co. in feuchtes Papier ein und legen Sie sie ins Gemüsefach des Kühlschranks. Durch das feucht-kalte Klima bleiben sie so einige Tage frisch. Gurken, Möhren, Zucchini, Paprikaschoten, Rettich, Blumenkohl etc. gehören ebenfalls ins Gemüsefach. Tomaten dagegen lieben es warm, die sollten Sie also besser bei Zimmertemperatur lagern.

Den gibt es! Entfernen Sie die äußeren Blätter, schneiden den Stielansatz an und legen den ganzen Kopf für 10 Min. in eiskaltes, gesalzenes Wasser. Der Salat saugt sich mit Wasser voll und wird wieder deutlich frischer und knackiger.

Angemachter Blattsalat fällt durch die Säure im Dressing schnell zusammen. Bereiten Sie das Dressing deshalb in einem **Twist-off-Glas** zu und nehmen es separat mit. Vor dem Essen gut durchschütteln und über den Salat träufeln. Manche Salate, z. B. mit Kartoffeln, Eiern, Fisch oder Fleisch, verderben bei Wärme schnell, also besser **in der Kühlbox oder Isoliertasche** transportieren. Wer den Salat im Büro in den Kühlschrank stellt, sollte ihn rechtzeitig wieder herausnehmen, denn viele Zutaten entwickeln erst bei Zimmertemperatur ihr bestes Aroma.

Na klar! Im Schraubglas im Kühlschrank halten Basissaucen aus Salz, Pfeffer, Senf, Essig oder Zitrussaft und Öl oder Joghurt bis zu einer Woche. Frische Kräuter sollten Sie allerdings immer frisch hinzufügen, denn sie verlieren mit der Zeit an Aroma. Knoblauch ebenfalls besser frisch dazugeben, denn er schmeckt nach einigen Tagen leicht penetrant. Kleiner Trick für zartes Knoblaucharoma ohne lästige (Geruchs-)Nebenwirkungen: Reiben Sie die Salatschüssel (oder das Glas) mit einer frischen Knoblauchhälfte ein.

DIE FÜNF BESTEN LEICHTEN DRESSINGS

Viel Aroma und wenig Fett ist die Devise bei diesen feinen Salatsaucen, die selbst einem einfachen Blattsalat herrliche Würze verleihen. Alle Rezepte sind für 2 Portionen.

TOMATEN-CHILI-DRESSING 1 Tomate überbrühen, häuten, entkernen und das Fruchtfleisch fein würfeln. 1 Schalotte schälen und fein hacken. 1/2–1 große rote Chilischote waschen, längs aufschneiden, entkernen und fein würfeln. 2 EL Rotweinessig mit 2 EL Gemüsebrühe (ersatzweise Wasser), 1 Prise Salz und 1/2 TL Honig verrühren. 1–2 EL Olivenöl unterschlagen und die vorbereiteten Zutaten unterrühren. Dieses leicht scharfe Dressing passt gut zu jungem Baby-Spinat oder Salaten mit Paprikaschoten, Möhren und Mais.

ZITRONEN-KRÄUTER-DRESSING Die abgeriebene Schale von 1/4 Bio-Zitrone mit 2 EL Zitronensaft, 2 EL Wasser, 1/2 TL Honig und je 1 kräftigen Prise Salz und Pfeffer verrühren. 1–2 EL Olivenöl unterschlagen. 3 Stängel Basilikum und je 1 Zweig frischen Thymian und Oregano waschen und trocken schütteln, die Blätter fein schneiden und unterrühren. Nach Belieben 1 kleine Knoblauchzehe schälen und dazupressen. Passt gut zu Blattsalaten mit Tomaten, Paprikaschoten, Gurke und Schafkäse oder Thunfisch und zu gegrilltem Gemüse.

VANILLE-MANDEL-DRESSING 1 EL Mandelstifte in einem Pfännchen ohne Fett goldbraun rösten und abkühlen lassen. 1/2 Vanilleschote längs aufschneiden und das Mark herauskratzen. Mit 2 EL mildem Weißweinessig, 2 EL Wasser, 1 TL hellem Mandelmus (aus dem Bioladen) und je 1 Prise Salz, Cayennepfeffer und Zucker verrühren. 2 EL Walnuss- oder Rapsöl unterschlagen. Den Salat damit anmachen und die Mandelstifte darüberstreuen. Passt gut zu Eichblattsalat, Chicorée, geraspelten Möhren und rohem weißem Spargel.

GRANATAPFEL-MINZ-DRESSING Aus 1 Granatapfel den Stielansatz herausschneiden und die Frucht in Hälften brechen. Die Kerne herauslösen und 2 EL beiseitelegen. Den Rest durch ein feines Sieb streichen und den Saft auffangen. Aus 4 EL Granatapfelsaft (den Rest z. B. für einen Drink oder ein Dessert verwenden),

1 EL Himbeeressig, je 1 kräftigen Prise Salz und Pfeffer sowie 1–2 EL Rapsöl ein Dressing rühren. 1/2 Bund Minze waschen und trocken schütteln, die Blätter fein schneiden und unterrühren. Salat mit dem Dressing mischen und die übrigen Granatapfelkerne darüberstreuen. Passt gut zu Feldsalat, Chicorée und Gurke.

BUTTERMILCH-KORIANDER-DRESSING
100 ml Buttermilch, 2 EL Zitronensaft und je 1 kräftige Prise Salz, Pfeffer und Zucker in den Mixer (oder ein hohes Aufschlaggefäß) geben. Blättchen von 1 Bund Koriandergrün und nach Belieben 1 kleine geschälte Knoblauchzehe dazugeben und fein durchmixen (oder mit dem Pürierstab fein pürieren). Wer es scharf mag, gibt statt Pfeffer 1 geputzte kleine grüne Chilischote hinzu. Passt gut zu Gurkensalat oder zu gemischten Blattsalaten mit Tomaten, Gurke, Radieschen und Mais.

FRISCH

EIN-
GETROFFEN

fruchtig
mariniert

ZUCKERSCHOTEN-
SPARGEL-SALAT

300 g sehr frischer weißer Spargel ++ 1/2 Bio-Orange ++ 2 Zweige Zitronenmelisse ++ 2 EL Joghurt ++ 1 EL Rapsöl ++ Salz ++ Zucker ++ Pfeffer ++ 200 g Zuckerschoten ++ Eiswürfel

----
Für 2 Portionen | Zubereitung **25 Min.** | Pro Portion ca. **95 kcal, 6 g EW, 4 g F, 9 g KH**
----

1 Für diesen roh marinierten Salat muss der Spargel knackfrisch sein – erkennbar an saftig-frischen Enden und daran, dass die Stangen quietschen, wenn man sie aneinander reibt. Den Spargel schälen und die Enden abschneiden. Die Stangen in 2 mm dünne schräge Scheiben schneiden. Die Spitzen ganz lassen und längs halbieren.

2 Die Orangenhälfte heiß abwaschen und abtrocknen, die Schale fein abreiben und 2 EL Saft auspressen. Die Zitronenmelisse waschen und trocken schütteln, die Blätter fein schneiden. Alles mit Joghurt und Öl verrühren und mit Salz, Zucker und Pfeffer kräftig abschmecken. Den Spargel untermischen und zugedeckt durchziehen lassen.

3 Die Zuckerschoten waschen, von den Enden befreien und eventuell entfädeln. In einem Topf Wasser aufkochen, kräftig salzen und die Schoten darin in ca. 5 Min. bissfest blanchieren. Durch ein Sieb abgießen und sofort in Eiswasser geben, damit sie ihre Farbe behalten. Gut abtropfen lassen, unter den Salat mischen und abschmecken.

Zum Mitnehmen den Salat in Gläser füllen.

ARTISCHOCKENSALAT
MIT THUNFISCHSAUCE

zartbitter

2 Zitronen (9 EL Saft)
6 junge Artischocken
Salz | 1 Ei
1 Mini-Dose Thunfisch
  (im eigenen Saft; 65 g Abtropfgewicht)

4 EL Gemüsefond (aus dem Glas)
1 EL Schmand
2 TL kleine Kapern
Pfeffer
2 Stängel Petersilie

Für 2 Portionen | Zubereitung **40 Min.** | Pro Portion ca. **210 kcal, 21 g EW, 9 g F, 10 g KH**

1 Zitronen auspressen. 4 EL Saft in eine Schüssel mit kaltem Wasser geben. Artischocken von 3–4 äußeren harten Blattreihen befreien, Blattspitzen mit der Küchenschere um 2–3 cm kürzen. Stiele auf ca. 4 cm kürzen und schälen. Artischocken längs halbieren und das »Heu« (s. Seite 13) entfernen. Schnell arbeiten und sofort ins Zitronenwasser legen, damit sie nicht braun werden.

2 In einem Topf Wasser aufkochen, kräftig salzen und 4 EL Zitronensaft hinzufügen. Die Artischocken darin bei mittlerer Hitze in ca. 15 Min. zugedeckt weich kochen. Gleichzeitig das Ei in kochendem Wasser in ca. 10 Min. hart kochen.

3 Inzwischen den Thunfisch abtropfen lassen. Mit Fond, Schmand, 1 EL Zitronensaft und 1 TL Kapern fein pürieren, mit Salz und Pfeffer würzig abschmecken. Das Ei abschrecken, pellen und fein hacken. Die Petersilie waschen und trocken schütteln, die Blätter fein schneiden.

4 Die Artischocken abtropfen lassen und in eine flache Schale geben. Die Thunfischsauce darüberträufeln, mit den übrigen Kapern, der Petersilie und dem gehackten Ei bestreuen.

Zum Mitnehmen den Salat vollständig abkühlen lassen und mit Klarsichtfolie abdecken.

MEIN EINFRIER-TIPP: Den übrigen Fond für Suppen und Saucen einfach einfrieren.

So nennt man die Fasern im Inneren der Artischocke. Die schmecken nicht, deshalb sorgfältig mit einem Kugelausstecher (oder einem Teelöffel) herauskratzen.

KARTOFFEL-RADIESCHEN-
SALAT MIT SPROSSEN

preiswert

300 g festkochende Kartoffeln
Salz
1/2 TL Kümmel
1 großes Bund Radieschen
   (mit frischen Blättchen)
1/2 Bund Schnittlauch

50 g Radieschen- oder Alfalfasprossen
4 EL Gemüsebrühe (Instant)
3 EL milder Weißweinessig
1 EL Rapsöl
Pfeffer

Für 2 Portionen | Zubereitung **40 Min.** | Pro Portion ca. **130 kcal, 4 g EW, 4 g F, 20 g KH**

---

1 Die Kartoffeln waschen, in einem Topf mit Wasser bedecken und je 1/2 TL Salz und Kümmel hinzufügen. In ca. 25 Min. weich kochen, abgießen und ausdampfen lassen.

2 Inzwischen die schönen, zarten Radieschenblätter abzupfen, waschen und abtropfen lassen. Die Radieschen vom Grün schneiden, vierteln, in einem Sieb mit Salz bestreuen und 20 Min. Wasser ziehen lassen. Den Schnittlauch waschen und in Röllchen schneiden. Die Sprossen in einem Sieb kalt abbrausen und gut abtropfen lassen.

3 Die warmen Kartoffeln pellen, in Scheiben schneiden und in eine Schüssel geben. Gemüsebrühe, Essig, Öl, 1 kräftige Prise Salz und etwas Pfeffer verrühren und darübergießen. Die Radieschen kalt abbrausen, trocken tupfen und mit dem Schnittlauch und den Radieschenblättern unter die Kartoffeln mischen.

Zum Mitnehmen den Salat in Gläser oder Dosen geben und mit den Sprossen garnieren. Bis zum Genuss kühlen, aber rechtzeitig herausnehmen, damit der Salat beim Essen nicht zu kalt ist. Eventuell noch einmal mit Salz und Pfeffer abschmecken, weil die Kartoffeln viel Würze absorbieren.

EICHBLATTSALAT
MIT ROTE-LINSEN-DRESSING

mit zartem Biss

3 EL rote Linsen (50 g)
200 ml Gemüsebrühe (Instant)
1/4 TL Currypulver
Salz
1/2 Eichblattsalat
1/2 Salatgurke

1 gelbe Paprikaschote
8–10 Kirschtomaten
2 EL milder Weißweinessig
1 EL Aceto balsamico
2 EL Walnussöl
Pfeffer

Für 2 Portionen | Zubereitung **20 Min.** | Pro Portion ca. **175 kcal, 9 g EW, 7 g F, 19 g KH**

1 Die Linsen in eine Pfanne ohne Fett geben und bei mittlerer Hitze 2 Min. rösten. Mit der Gemüsebrühe ablöschen, das Currypulver und 1 Prise Salz hinzufügen und 8 Min. bei schwacher Hitze garen. Dann vom Herd nehmen und lauwarm abkühlen lassen.

2 Inzwischen den Salat putzen, waschen und in mundgerechte Stücke zupfen. In einem Sieb gut abtropfen lassen. Die Gurke schälen, längs halbieren und die Kerne herauskratzen, die Gurkenhälften in Halbmonde schneiden. Die Paprikaschote putzen, waschen und in feine Streifen schneiden. Die Kirschtomaten waschen und vierteln.

3 Die beiden Essigsorten und das Walnussöl unter die Linsen rühren. Gurke, Paprika und Tomaten in eine Salatschüssel geben. Das Linsen-Dressing unterrühren und mit Salz und Pfeffer würzig abschmecken. Zum Servieren mit dem Eichblattsalat vermischen.

Zum Mitnehmen können Sie das Linsen-Dressing gut schon am Vorabend zubereiten und über Nacht in einem Schraubglas im Kühlschrank aufbewahren. Morgens den Salat vorbereiten und in Dosen verteilen, das Dressing separat mitnehmen und erst kurz vor dem Essen darüberträufeln.

WARUM SOLL ICH DIE LINSEN ANRÖSTEN?

Das verstärkt ihr nussiges Aroma und sorgt dafür, dass sie nicht so leicht matschig werden.

ROH MARINIERTER
KÜRBISSALAT

Herbst-
glück

250 g Butternut-Kürbisfleisch (geputzt gewogen; s. Tipp)
1 Stängel Zitronengras
1 große rote Chilischote
1 Bund frische Minze (wahlweise Koriandergrün)

4 EL Limettensaft
1/4 TL Salz
1 TL Ahornsirup
1 EL Rapsöl

Für 2 Portionen | Zubereitung **20 Min.** | Pro Portion ca. **85 kcal, 1 g EW, 5 g F, 9 g KH**

1 Den Kürbis schälen und entkernen, das Fruchtfleisch mit dem Sparschäler in feine Streifen hobeln. Das Zitronengras von äußeren harten Blättern befreien, das weiche untere Drittel in sehr feine Scheiben schneiden. Die Chilischote waschen, längs halbieren, entkernen und in feine Streifen schneiden. Die Minze waschen und trocken schütteln, die Blättchen abzupfen und grob hacken.

2 Aus Limettensaft, Salz, Ahornsirup und Öl ein Dressing rühren. Kürbis, Zitronengras, Chilistreifen und Minze unterheben.

Zum Mitnehmen den Salat in Gläser füllen und bis zum Genuss kalt stellen.

MEINE TAUSCH-TIPPS
Butternut-Kürbis ist zart und fein und daher auch roh mariniert ein Genuss. Andere Kürbissorten besser in 1 cm große Würfel schneiden und 2–3 Min. in Salzwasser blanchieren. Wer mag, streut vor dem Essen noch je 1 TL gehackte Cashewnusskerne über jede Portion. Statt Kürbis können Sie auch Süßkartoffeln oder Möhren verwenden.

PILZSALAT
MIT KÜRBISKERN-
DRESSING

würzig

200 g Pfifferlinge
300 g Egerlinge
2 Frühlingszwiebeln
2 Stängel Estragon (ersatzweise Petersilie)
2 EL Öl
Salz | Pfeffer
1 EL Estragonessig (ersatzweise milder
   Weißweinessig)
2 EL Kürbiskernöl

Für 2 Portionen | Zubereitung **30 Min.** | Pro
Portion ca. **150 kcal, 6 g EW, 13 g F, 2 g KH**

----

1 Pilze putzen und trocken abreiben, möglichst nicht waschen. Sehr schmutzige Pilze
mit 1 EL Mehl schnell (!) in kaltem Wasser
waschen, sehr gut abtropfen lassen. Kleine
Pfifferlinge ganz lassen, größere halbieren.
Egerlinge in dicke Scheiben schneiden.

2 Die Frühlingszwiebeln putzen, waschen und
bis zum hellen Grün fein schneiden. Estragon
waschen und trocken schütteln, die Blätter
grob hacken.

3 Das Öl in einer großen Pfanne erhitzen,
die Pilze darin bei starker Hitze unter Rühren
4–5 Min. braten. Frühlingszwiebeln und Estragon unterrühren, salzen, pfeffern und alles
lauwarm abkühlen lassen. Essig und Kürbiskernöl darüberträufeln.

Zum Mitnehmen die Pilze in Gläser füllen.

KLASSIKER

AUF NEUE ART

franzö-
sisch

SPINATSALAT
MIT ROQUEFORT UND TRAUBEN

2 große Hände voll junger Spinat (ca. 150 g) ++ 100 g kernlose Weintrauben ++ 6 Walnusskern-
hälften ++ 2 EL Weißweinessig ++ 2 EL heller Traubensaft (oder Apfelsaft) ++ 1/2 TL Dijonsenf ++
Salz ++ Pfeffer ++ 2 EL Walnussöl (ersatzweise Rapsöl) ++ 50 g Roquefort

Für 2 Portionen │ Zubereitung **20 Min.** │ Pro Portion ca. **235 kcal, 9 g EW, 17 g F, 12 g KH**

1 Den Spinat gründlich waschen, verlesen und in einem Sieb sehr gut abtropfen lassen. Die Trauben waschen und halbieren. Beides in eine Schüssel geben. Die Walnüsse grob hacken.

2 Den Essig mit Traubensaft, Senf, je 1 kräftigen Prise Salz und Pfeffer und Walnussöl in ein
Schraubglas füllen und kräftig durchschütteln. Den Roquefort über Spinat und Trauben bröseln und
die Walnüsse darüberstreuen. Das Dressing vorsichtig unter den Salat mischen.

Zum Mitnehmen den Salat zudecken. Das Dressing separat mitnehmen, vor dem Servieren noch
einmal kräftig durchschütteln und über den Salat träufeln.

thailän-
disch
inspiriert

SCHARFER SPITZKOHLSALAT
MIT ERDNÜSSEN

250 g Spitzkohl (geputzt gewogen)
10 Kirschtomaten
2 Knoblauchzehen
1–2 kleine rote Chilischoten
2 EL geröstete gesalzene Erdnüsse
3 EL Fischsauce (Asienladen)
5 EL Limettensaft
1 EL Palmzucker (Asienladen; ersatzweise brauner Zucker)

Für 2 Portionen | Zubereitung **25 Min.** | Pro Portion ca. **130 kcal, 5 g EW, 5 g F, 15 g KH**
----

1 Den Kohl putzen, längs vierteln, vom Strunk befreien und in feine Streifen schneiden oder hobeln. Die Tomaten waschen und klein schneiden. Den Knoblauch schälen und fein hacken. Die Chilis waschen und samt den Kernen klein schneiden.

2 Knoblauch und Chilis in einen großen Mörser geben und fein zerstoßen. Die Erdnüsse dazugeben und grob zerstoßen. Fischsauce, Limettensaft und Palmzucker untermischen. Nach und nach die Spitzkohlstreifen und Tomaten dazugeben und alles unter leichtem Stampfen vermischen, damit sich die Aromen gut verbinden.

MEIN TAUSCH-TIPP
Für eine milde Variante 250 g Rotkohl in feine Streifen schneiden, mit 1/2 TL Salz einige Min. durchkneten. (Dazu am besten Handschuhe anziehen; denn Rotkohl färbt ab!) Mit 2 EL Rotwein-essig, 1 TL Zucker und 2 EL Walnussöl anmachen. 8 Walnusshälften grob hacken und vor dem Servieren untermischen. Nach Belieben mit Kerbelblättchen garnieren.

WAS MACHE ICH OHNE MÖRSER?

Zerkleinern Sie Erdnüsse, Knoblauch und Chilis im Blitzhacker und kneten Sie den Kohl mit allen Zutaten 2–3 Min. mit den Händen durch.

BLUKKOLI-SALAT
MIT HASELNUSS-DRESSING

nussig

je 250 g Blumenkohl und Brokkoli | Salz
2–3 Bio-Zitronenscheiben
10–12 Haselnusskerne

4 EL Weißweinessig
4 EL Haselnussöl
Pfeffer | Zucker | Eiswürfel

Für 2 Portionen | Zubereitung **25 Min.** | Marinierzeit **mindestens 2 Std.**
Pro Portion ca. **195 kcal, 8 g EW, 15 g F, 7 g KH**

----

1 Blumenkohl und Brokkoli in Röschen teilen und waschen. In zwei Töpfen Wasser aufkochen und salzen. In einen Topf Blumenkohl mit Zitronenscheiben legen und in 8–10 Min. bissfest kochen. Im anderen Topf den Brokkoli in 5–6 Min. bissfest kochen.

2 Inzwischen die Haselnüsse in Scheiben schneiden und in einem Pfännchen ohne Fett bei schwacher Hitze rösten. In einer Schüssel Essig, Öl, je 1 kräftige Prise Salz, Pfeffer und Zucker verrühren. Die Eiswürfel in eine Schüssel mit kaltem Wasser geben.

3 Brokkoli abgießen, im Eiswasser abkühlen lassen, in einem Sieb abtropfen lassen. Blumenkohl mit einem Schaumlöffel herausnehmen und zum Dressing geben. Vom Blumenkohlsud 1 l abmessen, dazugießen und das Dressing vollständig abkühlen lassen. Brokkoli unter den Blumenkohl mischen und mindestens 2 Std., am besten über Nacht, durchziehen lassen. Vor dem Servieren die Flüssigkeit abgießen und die Nüsse überstreuen.

Zum Mitnehmen die Flüssigkeit abgießen und die Nüsse separat einpacken.

MEIN ERGÄNZUNGS-TIPP
Wer die Kalorien nicht scheut, bestreicht ein paar Scheiben knuspriges Baguette mit Gorgonzola, bestreut sie mit weiteren gerösteten Haselnüssen und isst sie zum Salat.

GEMÜSESALAT
MIT ANANAS

fruchtig

1 Zucchino (200 g)	4 Scheiben Ananas (aus der Dose; ca. 150 g Abtropfgewicht)
Salz	je 1 EL Joghurt und Crème fraîche
2 Möhren (150 g)	1 TL mittelscharfer Senf
2 Stangen Staudensellerie	1 TL Currypulver
3 Frühlingszwiebeln	4 Walnusskernhälften

Für 2 Portionen | Zubereitung **25 Min.** | Marinierzeit **mindestens 2 Std.**
Pro Portion ca. **185 kcal, 6 g EW, 7 g F, 25 g KH**

1 Den Zucchino waschen, putzen und grob raspeln. Die Raspel mit Salz bestreuen und 10 Min. Wasser ziehen lassen. Inzwischen die Möhren schälen und grob raspeln. Die Selleriestangen putzen, waschen und in feine Scheiben schneiden. Die Frühlingszwiebeln putzen, waschen und bis zum hellgrünen Teil in feine Ringe schneiden.

2 Die Ananasscheiben abtropfen lassen und fein schneiden. In einer Schüssel Joghurt, Crème fraîche, Senf und Currypulver verrühren. Die Zucchiniraspel gut ausdrücken und mit den übrigen vorbereiteten Zutaten unterrühren. Mit Salz abschmecken. Mindestens 2 Std., gerne auch über Nacht, durchziehen lassen.

Zum Mitnehmen den Gemüsesalat in eine Dose füllen. Die Walnüsse grob hacken und separat einpacken. Erst kurz vor dem Essen über den Salat streuen.

KANN ICH AUCH FRISCHE ANANAS NEHMEN?

Ja, aber nur, wenn Sie den Salat sofort essen. Frische Ananas enthalten Enzyme, die die Eiweiße im Joghurt abbauen und den Salat nach einiger Zeit bitter schmecken lassen.

asiatisch
scharf

GLASNUDELSALAT
MIT FLEISCHBÄLLCHEN

4 Stängel Zitronengras	10–12 Kirschtomaten
1 Knoblauchzehe	1 Bund Koriandergrün
150 g Tatar	1 große rote Chilischote
4 EL helle Sojasauce	3 EL Limettensaft
80 g Glasnudeln	1 TL Zucker
3 Frühlingszwiebeln	1 TL Sesam-Würzöl (s. Tipp Seite 41)

Für 2 Portionen | Zubereitung **40 Min.** | Pro Portion ca. **215 kcal, 18 g EW, 4 g F, 27 g KH**

1 Von 1 Stängel Zitronengras die äußeren harten Blätter entfernen, das untere weiche Drittel sehr fein hacken. Den Knoblauch schälen und fein hacken. Beides unter das Tatar kneten und mit 2 EL Sojasauce würzen. Das übrige Zitronengras grob hacken und in einem Topf mit 1/2 l Wasser aufkochen. Aus dem Tatar walnussgroße Bällchen formen, in das Wasser legen und bei schwacher Hitze 3 Min. ziehen lassen. Herausnehmen und abkühlen lassen.

2 Die Glasnudeln in eine Schüssel geben. Den Zitronengrassud noch einmal aufkochen und durch ein Sieb über die Glasnudeln gießen (Zitronengras wegwerfen). Die Nudeln 4 Min. ziehen lassen, abgießen und abtropfen lassen. Abgekühlt mit der Küchenschere kleiner schneiden.

3 Die Frühlingszwiebeln putzen, waschen und in feine Ringe schneiden. Die Kirschtomaten waschen, halbieren und die Stielsansätze entfernen. Das Koriandergrün waschen und trocken schütteln, die Blätter grob hacken. Die Chilischote längs aufschneiden, entkernen, waschen und in feine Streifen schneiden. Aus 2 EL Sojasauce, Limettensaft, Zucker und Sesamöl ein Dressing rühren. Glasnudeln, Frühlingszwiebeln, Tomaten, Koriandergrün und Chili unterrühren.

Zum Mitnehmen den Salat in Dosen verteilen und die Fleischbällchen daraufsetzen.

GEGRILLTER ZUCCHINISALAT
MIT SCHAFKÄSE

medi-
terran

2 Zucchini (ca. 400 g)
3 EL Olivenöl
1 Knoblauchzehe
1 TL getrockneter Thymian
Salz

Pfeffer
2–3 EL Zitronensaft
60 g Schafkäse
3 getrocknete Tomaten (in Öl eingelegt)
1/2 TL getrockneter Oregano

Für 2 Portionen | Zubereitung **30 Min.** | Pro Portion ca. **210 kcal, 9 g EW, 16 g F, 7 g KH**

---

1 Die Zucchini waschen und längs in 3 mm dünne Scheiben schneiden oder hobeln. 2 EL Öl in ein Schälchen geben. Den Knoblauch schälen und dazupressen.

2 Eine Grillpfanne erhitzen und die Stege mit etwas von dem übrigen Öl einpinseln. Zucchini-scheiben portionsweise einlegen, mit Knoblauchöl einpinseln und mit etwas getrocknetem Thymian bestreuen. Bei mittlerer Hitze von jeder Seite 3 Min. braten. Salzen, pfeffern und herausnehmen. Nebeneinander auf eine Platte geben und mit Zitronensaft beträufeln. Abkühlen lassen. **Zum Mitnehmen** die Zucchini in zwei Dosen verteilen.

3 Schafkäse zerbröseln. Tomaten abtropfen lassen und sehr fein hacken. Mit Oregano und Schafkäse verkneten und über die Zucchini bröseln. Dazu schmeckt griechisches Fladenbrot.

MEIN TAUSCH-TIPP

Für einen **gegrillten Fenchel-Orangen-Salat** 2 Fenchelknollen putzen, waschen, längs halbieren und längs in Spalten schneiden. Pro Seite 3–4 Min. braten, mit Salz und Pfeffer würzen. Von 1 Orange die Schale mit der bitteren weißen Haut entfernen. Die Filets zwischen den Trennhäutchen herausschneiden, mit 2 TL gerösteten Pinienkernen unter den Fenchel mischen.

Verteilen Sie die Zucchinischeiben auf ein Backblech (Backpapier unterlegen und mit wenig Öl bestreichen) und grillen Sie sie im vorgeheizten Backofen bei 220° + Grillfunktion (oben, Umluft 200°) von jeder Seite 4–5 Min.

SALATE
CROSSOVER

mit feiner
Schärfe

RUCOLA-MANGO-SALAT
MIT BÜNDNER FLEISCH

1 großer Bund Rucola ++ 1 kleine reife Mango ++ 1/2 große rote Chilischote ++ 1 EL Ahornsirup
2 EL Limettensaft ++ Salz ++ 1 EL Rapsöl ++ 1 EL Wasabi-Erbsen (s. Info) ++ 50 g Bündner Fleisch

----
Für 2 Portionen | Zubereitung **20 Min.** | Pro Portion ca. **225 kcal, 11 g EW, 8 g F, 27 g KH**
----

1 Den Rucola waschen, die Blätter von den harten Stielen zupfen und gut abtropfen lassen. Die Mango schälen, das Fruchtfleisch in kleinen Spalten vom Stein schneiden. Den Rucola in eine flache Schale geben, die Mangospalten darauf verteilen und alles mit Klarsichtfolie abdecken.

2 Chili waschen, entkernen, sehr fein würfeln. Sirup, Limettensaft, 1 kräftige Prise Salz und Öl in ein Schraubglas füllen, kräftig schütteln. Zum Mitnehmen Wasabi-Erbsen hacken und separat einpacken, ebenso das Fleisch.

3 Zum Essen das Dressing über den Salat träufeln. Das Bündner Fleisch zu Röschen drehen und darüber verteilen, die Wasabi-Erbsen darüberstreuen.

INFO
Wasabi-Erbsen sind mit Wasabi-Paste überzogene pikante Erbsen. Erhältlich im Asienladen und im gut sortierten Supermarkt.

RETTICHSALAT
MIT SESAM-TOFU

Bayern trifft Japan

300 g Rettich | Salz
250 g schnittfester Tofu
2 EL helle Sojasauce
1 TL Sesam-Würzöl (s. Tipp Seite 41)
1/2 Bund Schnittlauch

3 EL Weißweinessig
Zucker
2 EL Rapsöl
2 TL Sesamsamen
1/2 Salatgurke

Für 2 Portionen | Zubereitung **30 Min.** | Pro Portion ca. **280 kcal, 13 g EW, 21 g F, 10 g KH**

1 Den Rettich schälen, auf dem Gemüsehobel in Scheiben hobeln und in ein Sieb geben. Kräftig salzen und 15 Min. ziehen lassen. Den Tofu in 2 cm große Würfel schneiden, mit Sojasauce und Sesamöl vermischen und 15 Min. durchziehen lassen.

2 Inzwischen Schnittlauch waschen, abtrocknen und in Röllchen schneiden. Essig, 2 EL Wasser, je 1 Prise Salz und Zucker und 1 EL Öl zu einem Dressing rühren, Schnittlauch untermischen.

3 1 EL Öl in einer Pfanne erhitzen. Die Tofuwürfel abtupfen und darin in 3–4 Min. knusprig braun braten. Die Sesamsamen darüberstreuen und 1 Min. mitbraten. Abkühlen lassen.

4 Die Gurke waschen, nach Belieben ganz oder streifig schälen, in Scheiben hobeln und leicht salzen. Den Rettich trocken tupfen. Rettich- und Gurkenscheiben im Wechsel dachziegelartig in einer flachen Schale anrichten. Das Schnittlauch-Dressing darüberträufeln und den Sesam-Tofu kurz vor dem Essen (er wird sonst weich) darauf verteilen.

Zum Mitnehmen den Salat mit Klarsichtfolie abdecken. Tofu separat einpacken.

WARUM SALZT MAN DEN RETTICH VORHER?

Das Salz entzieht dem Rettich Wasser und nimmt ihm etwas von der Schärfe.

PAPRIKA-TOMATEN-SALAT
MIT KORIANDERGARNELEN

Spanien trifft Asien

3 Tomaten
je 1 rote und gelbe Paprikaschote
1 kleine rote Zwiebel
2 EL Sherryessig (ersatzweise milder Rotweinessig)

Salz | Pfeffer | 2 EL Olivenöl
1 Bund Koriandergrün
1 kleine Knoblauchzehe
200 g gegarte Garnelen (Partygambas)

Für 2 Portionen | Zubereitung **20 Min.** | Pro Portion ca. **190 kcal, 21 g EW, 9 g F, 7 g KH**

1 Tomaten waschen, quer halbieren, von Stielansätzen und Kernen befreien und in 1/2 cm große Würfel schneiden. Paprikaschoten halbieren, putzen, waschen und ebenso würfeln. Zwiebel schälen und fein würfeln. In einer Schüssel Essig mit je 1 kräftigen Prise Salz und Pfeffer sowie 1 EL Öl verquirlen. Mit den vorbereiteten Zutaten vermischen.

2 Koriandergrün waschen und trocken schütteln, die Blättchen abzupfen und grob hacken. Knoblauch schälen und fein hacken. 1 EL Öl in einer Pfanne erwärmen. Garnelen und Knoblauch darin bei mittlerer Hitze 1 Min. unter Rühren erwärmen. Koriandergrün untermischen, einmal durchschwenken und abkühlen lassen.

3 Zum Mitnehmen den Paprika-Tomaten-Salat in zwei Gläser verteilen. Die Koriander-Garnelen darauf verteilen. Dazu schmeckt knuspriges Baguette oder Ciabatta.

MEIN TAUSCH-TIPP
Ebenfalls lecker: Das Koriandergrün, 1 Knoblauchzehe, 1 TL Zitronensaft, 2 EL Olivenöl und etwas frisch gemahlenen Pfeffer pürieren, die Garnelen untermischen und über Nacht zugedeckt im Kühlschrank durchziehen lassen. Zum Servieren auf den Salat setzen.

Frankreich trifft Asien

GRÜNER BOHNENSALAT
MIT INGWERHÄHNCHEN

2 kleine Hähnchenbrustfilets (je ca. 120 g)
1 Knoblauchzehe
1 Stück frischer Ingwer (ca. 2 cm)
1 TL Sesam-Würzöl (s. Tipp Seite 41)
Zucker | Cayennepfeffer
250 g feine grüne Böhnchen

1 Schalotte
Salz | Pfeffer
1/4 TL Dijonsenf
1 EL Apfelessig (oder milder Weißweinessig)
3 EL Rapsöl
Eiswürfel

Für 2 Portionen | Zubereitung **40 Min.** | Marinierzeit **2 Std.**
Pro Portion ca. **315 kcal, 31 g EW, 18 g F, 8 g KH**

1 Die Hähnchenbrustfilets kalt abwaschen und trocken tupfen. Knoblauch und Ingwer schälen und sehr fein hacken. Mit Sesamöl sowie je 1/4 TL Zucker und Cayennepfeffer verrühren. Das Fleisch damit einreiben und zugedeckt beiseitestellen.

2 Die Bohnen waschen, putzen und eventuell entfädeln. In einem Topf Wasser aufkochen, kräftig salzen und die Bohnen darin in ca. 8 Min. bissfest blanchieren. Durch ein Sieb abgießen und sofort in Eiswasser geben, damit sie ihre schöne grüne Farbe behalten. Gut abtropfen lassen. Die Schalotte schälen und sehr fein hacken. Aus je 1 Prise Salz, Pfeffer und Zucker, Senf, Essig, 1 EL Wasser, den Schalottenwürfeln und 2 EL Öl ein Dressing rühren. Die Bohnen quer halbieren, unterheben und 2 Std. zugedeckt durchziehen lassen.

3 Das übrige Öl in einem Pfännchen erhitzen. Die Hähnchenbrustfilets salzen und bei mittlerer Hitze von jeder Seite 4–5 Min. braten. Abgekühlt in Scheiben schneiden und auf dem Bohnensalat anrichten.

WAS HAT ES MIT DEM SESAMÖL AUF SICH?

Das dunkle Würzöl wird aus gerösteten Sesamsamen gepresst und schmeckt intensiv-aromatisch. Helles Öl aus ungerösteten Samen schmeckt neutral und eignet sich gut zum Braten.

KARTOFFEL-FORELLEN-
SALAT MIT WASABI

würzig-
scharf

300 g festkochende Kartoffeln
Salz
1 grüner Apfel
1 EL Zitronensaft

je 1 EL Joghurt und Crème fraîche
2 TL Wasabi-Paste (japanischer Meerrettich;
   aus dem Asienladen)
125 g geräucherte Forellenfilets

Für 2 Portionen | Zubereitung **25 Min.** | Marinierzeit **mindestens 1 Std.**
Pro Portion ca. **240 kcal, 17 g EW, 7 g F, 27 g KH**
----

1 Kartoffeln schälen und in 1 cm große Würfel schneiden. In einem Topf mit Wasser bedecken, salzen und in ca. 10 Min. weich kochen. In ein Sieb abgießen und lauwarm abkühlen lassen.

2 Inzwischen den Apfel gründlich waschen und abtrocknen oder schälen, das Kerngehäuse entfernen und das Fruchtfleisch in 1/2 cm große Würfel schneiden. Sofort mit dem Zitronensaft vermischen, damit die Stückchen nicht braun werden.

3 Joghurt, Crème fraîche, Wasabi-Paste und 1 Prise Salz verrühren. Die Apfel- und Kartoffelwürfel untermischen. Die Forellenfilets längs teilen und in ca. 2 cm große Stücke zerpflücken. Unter den Salat mischen und vor dem Servieren 1 Std. durchziehen lassen.

MEINE SERVIER-TIPPS
Sie können den Salat schon am Vorabend zubereiten und zugedeckt im Kühlschrank aufbewahren. Vor dem Servieren aber wieder Zimmertemperatur annehmen lassen, weil sich da die Aromen besser entfalten. Wer mag, putzt und wäscht 2 Hände voll Feldsalat, macht ihn mit einem Dressing aus je 1 Prise Salz, Pfeffer und Zucker, 2 EL Weißweinessig und 1 EL Rapsöl an und richtet den Kartoffelsalat darauf an.

Italien trifft Asien

TOMATEN
MIT MINZ-
BÄLLCHEN

1 Schale Mini-Mozzarellakugeln (150 g)
1/2 Bund frische Minze
1 Stängel Zitronengras
1 kleine Knoblauchzehe
1 kleine grüne Chilischote
400 g Kirschtomaten
Salz | Pfeffer
2 EL weißer Aceto balsamico
2 EL kaltgepresstes Olivenöl
1 EL geröstete, gesalzene Erdnüsse

Für 2 Portionen | Zubereitung **20 Min.**
Marinierzeit **2 Std.** | Pro Portion ca. **285 kcal,
18 g EW, 23 g F, 3 g KH**
----

1 Mozzarella abtropfen lassen. Minze waschen und trocken schütteln, Blätter fein hacken. Zitronengras von harten äußeren Blättern befreien, das untere weiche Drittel fein hacken. Knoblauch schälen, Chili waschen und putzen, beides fein hacken. Alles mischen. Mozzarella mit der Minzmischung in eine Dose geben und kräftig durchrütteln, bis alle Kugeln grün umhüllt sind. 2 Std., besser über Nacht, durchziehen lassen.

2 Tomaten waschen und halbieren. Salz, Pfeffer, Essig und Öl verrühren und die Tomaten damit anmachen. Minzbällchen leicht salzen und daraufsetzen (die abgefallene Minzmischung darüber verteilen). Erdnüsse grob hacken und darüberstreuen.

Liebe Leserin und lieber Leser,

wir freuen uns, dass Sie sich für ein GU-Buch entschieden haben. Mit Ihrem Kauf setzen Sie auf die Qualität, Kompetenz und Aktualität unserer Ratgeber. Dafür sagen wir Danke! Wir wollen als führender Ratgeberverlag noch besser werden. Daher ist uns Ihre Meinung wichtig. Bitte senden Sie uns Ihre Anregungen, Ihre Kritik oder Ihr Lob zu unseren Büchern. Haben Sie Fragen oder benötigen Sie weiteren Rat zum Thema? Wir freuen uns auf Ihre Nachricht!

Wir sind für Sie da!
Montag–Donnerstag: 8.00–18.00 Uhr;
Freitag: 8.00–16.00 Uhr
Tel.: 0180-5 00 50 54* *(0,14 €/Min. aus
Fax: 0180-5 01 20 54* dem dt. Festnetz/
Mobilfunkpreise
E-Mail: können abweichen.)
leserservice@graefe-und-unzer.de

P.S.: Wollen Sie noch mehr Aktuelles von GU wissen, dann abonnieren Sie doch unseren kostenlosen GU-Online-Newsletter und/oder unsere kostenlosen Kundenmagazine.

GRÄFE UND UNZER VERLAG
Leserservice
Postfach 86 03 13
81630 München

Die Autorin

Margit Proebst studierte Kunstgeschichte und Philosophie, daneben betrieb sie über viele Jahre einen kleinen Catering-Service. Seit 1999 arbeitet die passionierte Köchin als Kochbuchautorin und Foodstylistin. Für dieses Büchlein kreierte sie in ihrer Münchner Küche 18 sommerlich-leichte, raffinierte Salate zum Mitnehmen und Unterwegs-Genießen.

Der Fotograf

Klaus-Maria Einwanger ist selbstständiger Fotograf in Rosenheim. Vor Ort und im Ausland arbeitet er für Zeitschriften, Buchverlage und Werbeagenturen. Kreativ setzt er dabei Food-Spezialitäten aus aller Welt perfekt ins Bild. Fürs Foodstyling in diesem Buch war **Sven Dittmann** zuständig.

Bildnachweis

Alle Bilder: Klaus-Maria Einwanger, Rosenheim

© 2009 GRÄFE UND UNZER VERLAG GmbH, München

Programmleitung: Doris Birk
Leitende Redakteurin:
Stephanie Wenzel
Redaktion: Stefanie Poziombka
Lektorat: Adelheid Schmidt-Thomé
Korrektorat: Susanne Elbert
Layout, Typographie und Umschlaggestaltung:
Lucie Schmid, independent Medien-Design, München
Illustrationen Seite 4, 48 und U3:
Harold Lazaro, Backyard10, München; außer S. 4 zweite von oben, S. 48 Nr. 2: Betti Trummer, Hamburg
Satz: Filmsatz Schröter, München
Herstellung: Gloria Pall
Reproduktion:
Wahl Media, München
Druck und Bindung:
Druckhaus Kaufmann, Lahr

ISBN 978-3-8338-1428-0

1. Auflage 2009

Ein Unternehmen der
GANSKE VERLAGSGRUPPE

GU Just Cooking

Die brandneuen »Klein, aber oho!«-Kochbücher

LEICHTE SAUCEN & DIPS
VOLLER GENUSS

ISBN 978-3-8338-0904-0
48 Seiten

NUDELSALATE
NEU ANGEMACHT

ISBN 978-3-8338-0667-4
48 Seiten

VEGGIE GRILLEN
MEHR ALS GEMÜSE

ISBN 978-3-8338-1426-6
48 Seiten

FEINES AUS DEM GLAS
EINFACH BEEINDRUCKEND

ISBN 978-3-8338-1376-4
48 Seiten

VEGETARISCHE BROTAUFSTRICHE
20 AUF EINEN STREICH

ISBN 978-3-8338-0670-4
48 Seiten

WRAPS & TACOS
ÜBERRASCHEND GEFÜLLT

ISBN 978-3-8338-1427-3
48 Seiten

Änderungen und Irrtum vorbehalten

Das macht sie so besonders:

- **Einfach einsteigen** – mit ein, zwei Happen Küchenpraxis
- **Einfach loskochen** – mit gelingsicheren Rezepten

Willkommen im Leben.

ÜBER DEN TELLERRAND

1 Küchengeschichte für Besserwisser Wissen Sie, was Salat und Salami gemeinsam haben? Richtig, den lateinischen Wortstamm »sal« für Salz! Das lateinische »salatum« (Eingesalzenes) wurde über die Mundartform »salata« zum italienischen »insalata«. Unser deutsches Wort »Salat« schließlich ist bereits in spätmittelhochdeutscher Zeit belegt. Salami als Bezeichnung für die luftgetrocknete Dauerwurst wurde dagegen erst im 19. Jahrhundert aus dem Italienischen entlehnt. Was folgt daraus? Salate gab's bei uns schon im Mittelalter. Und tatsächlich finden sich Hinweise darauf in den Schriften der Hildegard von Bingen (1089–1179). **2 Grünzeug mit Wirkung** Vorläufer unseres heutigen Kopfsalates, die dem römischen Salat ähneln, sind bereits auf ägyptischen Reliefs aus der Zeit um 2500 v. Chr. dargestellt. Von Ägypten breitete sich der Salat über die ganze griechische und römische Welt aus. Er wurde sowohl roh als auch gekocht verzehrt und galt in der Antike als Aphrodisiakum. **3 Beliebte Köpfchen** Heute werden jährlich allein in Deutschland rund 92.000 Tonnen Kopfsalat geerntet